LAS AVENTURAS DE MARTINA EN LOS PARQUES NACIONALES

PAUL MEIER

derechos de autor © 2024 by Paul Meier.

Reservados todos los derechos. Ninguna parte de este libro puede reproducirse ni transmitirse de ninguna forma ni por ningún medio, electrónico o mecánico, incluidas fotocopias, grabaciones o cualquier sistema de almacenamiento y recuperación de información, sin el permiso por escrito del propietario de los derechos de autor.

Esta es una obra de ficción. Los nombres, personajes, lugares e incidentes son producto de la imaginación del autor o se usan de manera ficticia, y cualquier parecido con personas, eventos o lugares reales, vivos o muertos, es completamente coincidencia.

ISBN: 978-1-7370400-6-4

Las aventuras de Martina en los parques nacionales

de Paul Meier

ilustrado por by Kathrine Gutkovskiy

traducción por Maribel Adarme

Mi nombre es Martina. Soy una cocker spaniel y tengo 9 años. Aquí hay un dibujo de mí cuando yo era pequeña.

Vivo con Allie y Tim y sus padres. Normalmente Allie y Tim están en la escuela y lo único divertido que hago todos los días es salir a caminar con su mamá. Pero la escuela terminó durante el verano, así que ahora puedo jugar con ellos todos los días.

Mañana todos nos vamos de vacaciones juntos. Sí, juntos porque esta vez puedo ir. El año pasado se fueron a un lugar llamado Francia, pero a mí no me invitaron y tuve que quedarme en un hotel para perros. Estuvieron diez horas en un avión, así que no creo yo hubiera podido esperar tanto para ir al baño.

Este año dejaremos nuestra casa que esta en el Medio Oeste y conduciremos hacia el oeste para visitar algunos parques nacionales ¿y a qué perro no le gustan los parques? Acamparemos y nuestro auto está tan lleno que espero que todavía tengan espacio para mí y para algunos huesos para perro.

Después de un largo viaje, con muchas paradas para ir al baño, llegamos al Parque Nacional de Las Grandes Dunas de Arena en Colorado. Este parque cuenta con 30 millas cuadradas de dunas de arena y tiene las dunas más altas de América del Norte. Una de ellas, la Duna Estrella, tiene 755 pies de altura. Ya era tarde, así que instalamos nuestra tienda de campaña y nos acostamos.

A la mañana siguiente comenzamos a explorar el parque. Como perro, hay algunos lugares a los que no puedo ir por ejemplo, al centro de visitantes y a la mayoría de las rutas de senderismo. Sin embargo, puedo subir hasta donde comienza La Duna Alta. La Duna Alta tiene casi 700 pies de alta, así que de todos modos no me hubiera gustado escalarla.
Allie me cargó a través del Arroyo Medano y comenzamos a caminar por la arena. Cuando llegamos a la Duna Alta, mamá se quedó conmigo mientras Allie, Tim y papá subían a la cima.

Después de nuestra caminata, todos teníamos tanto calor, así que sumergimos las piernas, y yo mis patas, en el Arroyo Medano.

Por la tarde, hicimos una caminata por el sendero de la Ruta Mosca que seguía un pequeño arroyo a través de un bosque. Luego, regresamos a las tiendas de campaña para mi comida y también para dormir.

Al día siguiente nos dirigimos al Parque Nacional del Bosque Petrificado en Arizona. Me gusta este parque porque admite perros. Por supuesto que no puedo entrar a los edificios, pero puedo recorrer todas las rutas de senderismo siempre que lleve la correa para perritos. Primero nos detuvimos en el centro de visitantes y Allie me inscribió en el programa GUAU de los guardabosques" Esto significa "Guarda" el popo del perro en una bolsa, "Utiliza" la correa de perro, "Aprecia" la vida silvestre y "Usa" las rutas para perros. Oh, y ellos me dieron un regalo para perros.

Caminamos por el Sendero de los Troncos Gigantes y vimos algo llamado rocas petrificadas. Tim dijo que la petrificación ocurre cuando el material orgánico de los árboles es reemplazado con minerales y se convierte en rocas. Eso no tiene sentido para mí, pero Tim es muy inteligente, así que le creo. Realmente disfruto caminar con mi familia.

Como ya estamos en Arizona, nos dirigimos al Parque Nacional del Gran Cañón. Nuestra madre dijo que en el hotel Yavapai Lodge hay habitaciones que admiten mascotas , así que no acamparemos esta noche. A ella realmente le gusta tener su propia ducha.

Después de dormir muy bien, hicimos una caminata por el Borde Sur del cañon. El guardabosque dijo que si uso la correa de perros podemos caminar por los senderos del borde, pero que no puedo bajar al cañón. De todos modos no queria bajarlo, porque meda mucho miedo cuando miro hacia abajo y veo este gran agujero. El fondo está muy lejos.

A la mañana siguiente me llevaron a la perrera del Borde Sur, porque ellos van a caminar hasta el fondo del cañón. Estoy un poco cansada por la larga caminata de ayer, así que hoy estoy feliz de descansar mis patas.

Regresaron muy tarde hoy y Allie dijo que fue muy divertido y que vieron un gran río. Dijo que el Gran Cañón tiene más de una milla de profundidad y fue formado por la erosión del río Colorado durante millones de años. No sé qué es un millón de años, pero creo que es mucho más que los 9 años que llevo siendo perro. Estaban muy cansados y todos se acostaron temprano esta noche.

Desde el Gran Cañón, es un trayecto corto en coche hasta el Parque Nacional del Cañon Bryce en Utah. Al igual que en el Gran Cañón, no se permiten mascotas en el cañón en senderos sin pavimentar, pero puedo caminar por el Sendero del Borde. Este es un paseo muy bonito y puedes ver muchos hoodoos. Un hoodoo es una roca alta y delgada que emerge del fondo del suelo, formada por la erosión durante muchos años. Aquí hay una foto que tomó Tim mostrando los hoodoos que vimos. Creo que este parque es muy hermoso.

Después de que todos se levantaron de la cama, empacamos nuestro cosas en el auto, desayunamos y comenzamos a conducir hacia el Parque Nacional Yellowstone. Papá dijo que nos tomaría conducir doce horas, así que decidí buscar un lugar cómodo y tomar una siesta. Llegamos al parque antes del anochecer, instalamos nuestras tiendas de campaña y luego cenamos. Tenemos dos tiendas de campaña y puedo dormir en la que están Tim y Allie.

Allie me dijo que Yellowstone es realmente grande y se encuentra en la cima de un punto volcánico caliente. Dijo que hay cañones, ríos, aguas termales, géiseres y piscina de barro coloridos. Sí, ella es muy inteligente como Tim. Yellowstone se convirtió en nuestro primer parque nacional en 1872. Se encuentra principalmente en Wyoming, pero también en Montana y Idaho. Allie dijo que había animales grandes como osos, lobos, bisontes y uapitís. Algunos bisontes pesan hasta 2,000 libras, y como yo sólo peso 29 libras, eso me da un poco de miedo.

Después de que ellos pasaron su día en Yellowstone, me recogieron y regresamos a nuestras tiendas de campaña. Tim y Allie me mostraron una fotografía de un géiser llamado Old Faithful. Allie dijo que el vapor de Old Faithful esta a cerca de 350 grados Fahrenheit. Eso suena demasiado caliente para mí.

Este no es un parque que admite mascotas como el Bosque Petrificado y mañana tendré que quedarme en un hotel para perros fuera del parque porque el parque no tiene ningúno. No se me permite entrar a los senderos entablados, a las rutas de senderismo y mucho menos, a las zonas termales. Eso está bien porque tengo miedo de los animales grandes y las zonas termales son demasiado calientes para esta perrita.

También me mostraron una foto de un bisonte que vieron en el valle de Lamar. Dijeron que había tantos bisontes que no podían contarlos todos y que eran tan grandes y aterradores como pensé que serían. Me alegro de estar con ellos en el campamento, pero también de haber pasado el día en el hotel para perros.

A la mañana siguiente, comenzamos nuestro viaje hacia el Parque Nacional Glacier pero, al salir de Yellowstone, paramos en Mammoth Springs. Aquí hay muchas fuentes termales y el agua está a 170 grados, demasiado caliente para estas patas! Creo que las rocas de piedra caliza blanca son realmente hermosas.

Mientras caminaban hacia los manantiales, yo me quedé con mamá en el auto. Miré por la ventana y vi un pájaro muy grande en un árbol muerto. Mamá dijo que era un águila calva. Definitivamente que me pareció aterradora.

Cuando llegamos al Parque Nacional Glacier, todavía había suficiente luz para una foto, así que Allie, Tim y yo posamos junto a la entrada del parque.

Después de una buena noche en la tienda de campaña, hicimos una caminata por el sendero del arroyo McDonald, la única caminata que admite perros en el parque. El camino estaba pavimentado pero tuve que caminar casi tres millas. Cuando llegamos al lago McDonald, tomamos un descanso y me dieron muchas golosinas para perros. Aqui fue muy hermoso!

Como soy un perrita, no puedo ir a ninguno de los senderos, pero puedo salir y estirar las patas en las áreas de picnic y estacionamiento. A la mañana siguiente, fuimos conduciendo hacia el este por el camino" La Ruta al Sol", y me fui mirando por la ventana los árboles y las rocas. En un lugar que nos detuvimos, Tim dijo que mirará hacia arriba para ver lo que había en lo alto de la roca. Cuando miré hacia arriba, vi una hermosa cabra de montaña.

Luego, nos detuvimos en Logan Pass. No teníamos mucho tiempo, pero papá, Allie y Tim hicieron una caminata por el Sendero de Highline. En un lugar, dijeron que el camino era realmente estrecho y que tenían que sostenerse de una cuerda para que no se cayeran. Ahora sé por qué mamá se quedó conmigo. Aquí hay una foto que papá me mostró, pero Allie no se sostenía de la cuerda. Increíble!!!

Nuestra próxima parada es el Monte Rushmore National Memorial. Es un viaje de 12 horas, así que puse mi cabeza en el regazo de Allie y me quedé dormida. El Monte Rushmore no es un parque, sino una gran escultura tallada en roca. Está ubicado en Dakota del Sur y fue hecha por Gutzon Borglum. El talló las cabezas de cuatro presidentes, George Washington, Thomas Jefferson, Theodore Roosevelt y Abraham Lincoln.

Este no es un lugar amigable para perros y tendré que quedarme en el auto. Pero le dijimos al guardabosques que teníamos un perro (creo que ella pudo ver eso) y nos permitió estacionar en el área para mascotas. Mamá, Allie y Tim salieron a Mount Rushmore y papá se quedo conmigo, pero pude ver al Monte Rushmore.

Este fue nuestro último parque y pasaremos la noche en el parque estatal Custer en Game Lodge. Alli tienen cabañas para mascotas, así que no hay tiendas de campaña esta noche. Cuando conducíamos en el parque, nuestro automóvil estaba rodeado de bisontes. Había bisontes por todas partes, entonces papá detuvo el auto mientras pasaban cerca de nosotros.

Hoy tenemos un viaje de 13 horas a casa, así que me conformaré con una siesta nuevamente. La pasé muy bien visitando algunos de nuestros parques nacionales. No siempre es conveniente ser un perro en nuestros parques nacionales, aun así me divertí mucho. Esta noche estaré durmiendo en mi propia cama.

PARQUES NACIONALES

El primer parque nacional fue el Yellowstone, establecido en marzo de 1872. Ahora hay 63 parques nacionales y el más nuevo es New River Gorge en Virginia Occidental. Además de los parques nacionales, hay un total de 421 tierras protegidas en el sistema de parques nacionales, incluidos monumentos, bosques y costas.

Martina viajó a seis parques nacionales y un monumento nacional. ¿Has estado en alguno de los parques nacionales? Escribe todos los parques nacionaless que has visitado? Si no has estado en ninguno, ¿A cuál te gustaría ir y por qué?

A mis hijos Tim y Allison, y a mi nieto Ender que son amantes de los perros, y a todos los demás amantes de los perros.